AF253821

ALLOCUTION DE M. LE BATONNIER

ET

ÉLOGE HISTORIQUE

DE

M. DE BOUCHEPORN

PAR

Anatole DURAND, Avocat.

OUVERTURE

DE LA CONFÉRENCE DES AVOCATS A LA COUR IMPÉRIALE DE METZ,

Du 4 Décembre 1865.

METZ

TYPOGRAPHIE ET LITHOGRAPHIE DE NOUVIAN.

1866.

ALLOCUTION

DE M. LE BATONNIER.

La première conférence de l'Ordre des Avocats à la Cour impériale de Metz, pour l'année judiciaire 1865-66, a eu lieu le 4 Décembre. Un grand nombre de magistrats honoraient cette séance de leur présence ; M. de Faultrier, bâtonnier, l'a ouverte par l'allocution suivante :

MES CHERS ET JEUNES CONFRÈRES,

Le plus précieux et le plus rare de tous les biens, a dit d'Aguesseau, est l'amour de son état.

Ce sentiment si utile dans toutes les situations sociales est indispensable à l'avocat.

Car lui seul peut inspirer le dévouement absolu, la patience, la persévérance, le désintéressement sans lesquels l'avocat ne saurait, dans sa carrière, obtenir des succès solides et durables.

Et pourquoi d'ailleurs, mes chers confrères, n'aimerions-nous pas notre profession ?

Est-ce parce qu'elle est trop laborieuse ?

Est-ce parce qu'elle ne donne, même à ceux qui y réussissent le mieux, qu'une médiocre fortune?

Est-ce parce qu'elle ne conduit pas aux honneurs qu'ambitionnent presque tous les hommes?

Permettez-moi de vous montrer par quelques courtes réflexions qu'il n'y a aucune raison de ne pas aimer notre profession, et qu'au contraire il existe bien des motifs pour nous y attacher.

§ Ier.

La profession d'avocat est sans doute laborieuse entre toutes; mais est-ce là un inconvénient quand on prend son point de départ dans ce principe que tous les hommes sont condamnés au travail, et que chacun de nous doit payer sa dette dans la mesure de ses forces et de ses facultés? Or quel travail plus noble et plus beau que celui de l'homme qui se consacre tout entier à la défense des intérêts de ses semblables? Il faut parfois, cela est vrai, s'armer de patience et de courage pour étudier des affaires difficiles et compliquées, pour débrouiller le chaos de procédures tortueuses, pour découvrir la vérité à travers les nuages dont l'ignorance ou la mauvaise foi l'ont enveloppée.

Mais aussi quel plaisir quand à force d'efforts on devient maître de son sujet, quand on est parvenu à saisir le fil qui doit servir de guide dans le dédale d'une procédure compliquée, quand après de longues recherches on a enfin dissipé les ténèbres et trouvé la véritable solution! et puis, après ces travaux préparatoires l'avocat continue sa tâche! fort de la confiance que lui donne

cette préparation consciencieuse, il se présente devant
la justice, il parvient à conserver à son client la fortune,
la liberté, la vie, l'honneur auparavant compromis; est-il
possible d'imaginer des jouissances plus réelles, plus
pures, plus grandes que celles qui naissent d'une telle
situation?

Ces joies, je le sais, sont quelquefois mêlées de désap-
pointements et de tristesses.

D'abord le résultat n'est pas toujours en rapport avec
la conviction et les espérances de l'avocat. La décision
de juges qui ne doivent connaître l'affaire que par les
explications contradictoires de l'audience et par l'examen
des pièces, ne peut pas toujours être en harmonie avec
l'opinion de l'avocat qui, pénétré et imprégné en quelque
sorte des récits et des prétentions de son client a dû considérer les choses à un point de vue plus exclusif: il faut
donc bien qu'il s'avoue qu'il s'est fait illusion, mais il se
console par le témoignage de sa conscience qui lui dit
que s'il s'est trompé, il s'est trompé de bonne foi, et
qu'il a fait tout ce qui était possible pour la défense des
intérêts qui lui étaient confiés.

Et puis, il y a des clients qui oublient les services
rendus, et l'ingratitude est parfois la triste récompense
des plus généreux efforts; mais il faut détourner les
yeux de ces exceptions regrettables et qui se rencontrent
d'ailleurs dans toutes les situations de la vie; ce qu'il
faut avoir toujours présent à l'esprit c'est la reconnaissance de ceux qui n'ont pas oublié la dette du cœur et
qui sont devenus quelquefois, pour le reste de leur vie
les amis dévoués de leur défenseur.

Le rude travail de notre profession a donc tout ce qu'il
faut pour plaire à des esprits élevés et pour séduire de
nobles cœurs.

§ II.

Ceux qui dans le choix d'un état sont mus principa-
lement par le désir des richesses commettraient une
grave erreur en embrassant notre profession. Le désintéressement est en effet sa loi suprême, mais ce premier
devoir de l'avocat bien loin d'écarter les hommes généreux doit au contraire les attirer vers nous.

Est-ce que le besoin de luxe et de jouissances maté-
rielles qui tourmente la société moderne peut donner le
bonheur? Est-ce qu'il n'est pas le plus mortel ennemi de
la vie de famille, des relations intimes de l'amitié, c'est-
à-dire des jouissances les plus pures de l'esprit et du
cœur? Les travaux incessants de l'avocat lui font d'ailleurs une nécessité d'une vie simple, modeste et retirée
à laquelle suffit une honorable aisance. Heureuse nécessité, Messieurs, qui est pour l'avocat une sauvegarde
puissante contre les funestes entraînements d'une
époque où une spéculation effrénée s'empare de tout,
obscurcit les notions du bien et du mal, et bouleverse
les fortunes en corrompant les mœurs; le vulgaire peut
être ébloui par ces prospérités subites qui, dues à des
combinaisons ténébreuses, ne s'établissent que sur la
ruine des familles, et ne sauraient indiquer une origine
avouable. Pour nous, Messieurs, ne portons pas envie à
ce qui n'est digne que du mépris des honnêtes gens, et
attachons-nous de plus en plus à une profession qui recherche bien plus l'honneur que l'argent, et où les

succès ne peuvent jamais être suivis des remords de la
conscience.

§ III.

Votre profession, à la vérité, ne jouit pas des honneurs et des prérogatives extérieures attachées aux fonctions publiques; mais elle donne, dans l'estime publique
un rang honorable à ceux qui s'y dévouent. N'en avons-
nous pas parmi nous un exemple vivant? Y a-t-il dans
notre cité une position plus honorée, plus respectée que
celle de l'éminent avocat qui a consacré cinquante-six ans
de sa vie au barreau? et puis notre profession, bien loin
d'élever contre ceux qui s'y livrent une barrière qui les
exclue des fonctions publiques et des honneurs, y est au
contraire un acheminement naturel; la magistrature judiciaire, c'est-à-dire la plus noble des fonctions publiques
ne peut se recruter que dans nos rangs, et le titre
d'avocat est un de ceux qui ouvrent l'accès de la magistrature administrative. Si je porte mes regards vers une
sphère plus élevée, combien dans le passé et dans le
présent ne compte-t-on pas d'avocats parmi les membres
des assemblées politiques? Quelqu'un a dit que le règne
des avocats était passé, je crois que c'est là une profonde
erreur; tant qu'il y aura une société régie par des lois, il
faudra bien pour le travail de la confection des lois, le
concours d'hommes versés dans l'étude de la jurisprudence, sachant les règles générales de la législation,
connaissant la loi actuelle et ses imperfections et par
conséquent le remède que peut y apporter une loi nouvelle. Ce n'est même pas un caractère exclusivement
propre au gouvernement que l'on a appelé parlemen-

taire d'avoir parmi ses ministres et ses conseillers un certain nombre d'avocats.

Le gouvernement d'un peuple civilisé voudra toujours s'adresser à la nation, défendre et expliquer ses actes devant l'opinion publique. Sous les précédents gouvernements, chaque ministre expliquait ou défendait ses actes devant les assemblées. Sous le gouvernement actuel, l'accès du Corps législatif leur est interdit, et cependant nous voyons parmi les ministres chargés de portefeuilles et dans le Conseil privé deux anciens et éminents avocats. De plus, à côté des ministres qui agissent et même au-dessus d'eux, il est un autre ministre, le ministre d'État qui est chargé de leur défense. La cause qu'il a à soutenir est grande sans doute, c'est l'ensemble des actes du gouvernement, son client est bien haut placé, c'est le chef de l'Etat. Or, le personnage éminent qui remplit actuellement ces fonctions, et celui qui l'y a précédé, étaient tous deux des avocats dont le rôle s'est en quelque sorte continué sur un théâtre plus élevé.

Sans aspirer à une destinée si haute qui ne peut appartenir qu'à un très-petit nombre d'élus, l'avocat a donc devant lui un vaste horizon, et il y a dans notre profession ce qui la doit faire aimer, tout à la fois par les hommes modestes qui veulent y consacrer toute leur vie et par ceux qui, animés d'une plus grande ambition, veulent aspirer aux honneurs.

Aimez donc votre profession, mes chers et jeunes confrères.

Aimez-la, quel que soit le sort que l'avenir vous réserve, et prouvez votre amour en acquérant ou en développant les qualités de l'esprit et du cœur qui vous rendront dignes d'elle.

Quant aux qualités du cœur, soyez toujours zélés pour les intérêts de vos clients, fidèles à la vérité, intègres, désintéressés, respectueux envers les magistrats qui sont les ministres de la loi.

Quant aux travaux de l'esprit, ils sont multiples, c'est par leur combinaison et leur équilibre que s'acquièrent les talents nécessaires à l'avocat.

Étudiez dans le calme du cabinet la théorie du Droit. Pénétrez-vous de ces principes généraux dont nos diverses dispositions législatives ne sont que des applications partielles.

Soyez exacts à nos conférences qui sont une transition naturelle entre la théorie et la pratique.

Fréquentez assiduement les audiences, non pour y paraître un instant, mais pour entendre la discussion complète des affaires et comparer ensuite les motifs de la décision des magistrats avec les moyens des parties.

Lorsque vous êtes chargés de la défense d'une cause criminelle ou civile, commencez par vous pénétrer des faits, non-seulement par une lecture attentive et plusieurs fois répétée du dossier, mais aussi par des extraits faits avec soin et maturité. Puis étudiez le droit applicable à la matière, et dans cette étude ne vous bornez pas à ce qui peut paraître strictement nécessaire, mais examinez aussi ce que j'appellerai les divers embranchements de la législation, afin de sonder le terrain qui vous entoure et de marcher ensuite d'un pas plus ferme et plus assuré ; après cette double préparation, écrivez complétement votre plaidoyer, sauf à abandonner votre manuscrit à l'audience, si vous vous sentez assez sûrs de vous-mêmes.

Parmi vos travaux, n'oubliez pas l'étude de l'histoire, qui a une si étroite affinité avec la jurisprudence. L'avocat qui sait l'histoire est à celui qui l'ignore, ce qu'est l'architecte à l'ouvrier.

Enfin, la littérature réclame aussi quelques-uns de vos instants; ne vous lassez pas de lire et relire nos vieux classiques, ce sera toujours la meilleure école de l'élégance et du goût : rappelez-vous que c'est avoir profité que de savoir s'y plaire.

Quand vous aurez, avec l'ardeur que vous donnera l'amour de votre état, rempli le programme que je viens d'esquisser à grands traits, soyez sûrs que le succès couronnera vos efforts ; il pourra se faire attendre plus ou moins longtemps, mais il est infaillible.

La parole ayant été donnée à M. Durand, il a prononcé l'éloge de M. Bertrand de Boucheporn, ancien avocat au barreau de Metz.

ÉLOGE HISTORIQUE

DE

M. DE BOUCHEPORN.

——⊸•⊷——

Monsieur le Batonnier,

Messieurs et chers Confrères,

Il est dans l'histoire une époque intéressante entre toutes les époques de transformations sociales et politiques, c'est celle où se sont élaborés les principes de la société moderne, celle qui précéda immédiatement la révolution française, la fin de l'ancien régime, en un mot, si près de nous par le nombre des années, mais dont cette même révolution nous a longtemps caché la vie intime. Chose digne de remarque en effet : ce n'est que depuis peu de temps que nous avons appris à le connaître, grâce à de nombreux travaux dont le souvenir est présent à nos esprits. Ce n'est pas sans étonnement qu'on a reconnu dans cet ancien régime bien des idées, bien des opinions, bien des passions de notre temps ; je dirai plus, on a retrouvé une grande partie de nos insti-

tutions que nous croyions dater de la révolution. C'est
là un aveu qui a peut-être coûté à l'amour-propre de
certaines personnes, mais ainsi le veut la vérité, et, pour
peu qu'on se transporte par la pensée à l'époque dont
je parle, pour peu qu'on respire l'atmosphère que nos
pères ont respiré, il est impossible d'avoir un autre sentiment. Si, mettant de côté les généralités, on concentre
toute son attention sur la vie de quelques-uns de ces
grands citoyens qui, pratiquant avant 1789 les idées de
89, ont pu être appelés avec raison les *Pères de la Patrie,*
et qui, comme M. de Boucheporn, ont tâché de faire
prévaloir autour d'eux, dans les Parlements, dans les
Académies, dans les Assemblées d'États où ils prenaient
la parole les idées du progrès sainement entendu, on
reconnaîtra facilement que jamais on ne vit un pareil
« temps de jeunesse, d'enthousiasme, de fierté, de
passions généreuses et sincères, dont, malgré les erreurs,
les hommes conserveront éternellement la mémoire.[1] »
C'est un honneur pour le barreau messin d'avoir vu
sortir de ses rangs l'un de ces hommes rares qui pro-
jettent un vif éclat sur les corps auxquels ils ont appar-
tenu, et le Conseil de l'Ordre ne pouvait choisir un sujet
plus fécond de réflexions : réflexions dont je serais heu-
reux d'être ici l'interprète, si je ne sentais l'insuffisance
de mes forces pour retracer d'une main ferme les traits
d'une figure qui doit nous être chère.

Claude-François BERTRAND DE BOUCHEPORN, né à
Metz, le 4 Novembre 1744, du mariage de Louis-Pierre

---

[1] De Tocqueville, l'*Ancien régime et la Révolution.*

Bertrand de Chailly avec Marguerite-Henriette Salomon, appartenait à l'une des familles les plus honorables du Parlement de Metz, à l'une de ces familles où la science était héréditaire comme la vertu. Au siècle précédent, elle avait fourni trois générations d'amans[1], et depuis elle n'avait cessé de donner à la Cour souveraine des magistrats éclairés et animés d'un zèle ardent pour le bien public. A l'époque où nous sommes arrivés, son père y exerçait les fonctions de conseiller, ainsi que son oncle à la mode de Bretagne, Nicolas-Louis-François Bertrand. Ce dernier, l'un des magistrats les plus instruits de cette Cour, devait jeter un dernier éclat sur l'antique magistrature du maître-échevinat en sacrifiant ses fonctions de conseiller au Parlement pour y consacrer la fin de sa carrière.

Le jeune de Boucheporn pouvait recueillir l'héritage d'illustration que lui léguait sa famille, sans qu'on dût craindre de le voir diminuer entre ses mains. Après de brillantes études faites au collége Saint-Symphorien de cette ville où il reçut des religieux bénédictins qui le dirigeaient, une éducation forte et virile qui contrastait singulièrement avec les mœurs du temps, le jeune de Boucheporn se trouvait naturellement destiné au barreau non-seulement par les exemples qu'il avait près de lui, mais aussi par les dispositions natives les plus heureuses, une élocution facile, un jugement droit, un cœur ouvert aux plus nobles aspirations. Il s'appliqua

---

[1] Les amans étaient autrefois à Metz ce que sont aujourd'hui les notaires.

donc à l'étude du droit à Paris et fut reçu en 1761 avocat au Parlement de Metz [1].

Son entrée au barreau fut marquée par des succès, qu'il dût moins à la chaleur avec laquelle il plaidait les causes qui lui étaient confiées, qu'au travail long et pénible auquel il se livrait en les préparant [2]. Si l'on se reporte en effet à ces temps, où la parole de la défense ne se faisait point entendre dans les causes criminelles, on comprendra combien il était difficile au jeune avocat de se faire une place au barreau. Il ne s'agissait de rien moins que de s'orienter au milieu des treize coutumes du Parlement de Metz; il s'agissait encore de lutter contre des praticiens rompus au métier des affaires, tels que Rulland, Gabriel, Rœderer, Pacquin de Rupigny, et tant d'autres dont le souvenir est perdu.

Témoin de ses succès, le Parlement devait désirer le compter au nombre de ses membres au moment d'ailleurs où le conseiller Bertrand de Chailly, son père, venait d'être obligé de quitter ses fonctions (1765) à cause de l'état de sa santé qu'il avait compromise dans l'instruction d'un procès d'une haute importance. Le jeune de Boucheporn fut donc nommé avocat général en cette Cour le 13 Juin 1768; il avait vingt-sept ans et était marié depuis trois ans avec une jeune fille qui devait faire le

---

[1] Il fut inscrit sur le tableau de l'ordre des avocats sous le nom de Bertrand de Chailly jusqu'à l'époque de son mariage où il prit le nom de Bertrand de Boucheporn, du nom d'un fief qui avait été apporté dans sa famille par sa grand'mère Nicole, fille de Jean George, seigneur de Boucheporn, trésorier de France.

[2] Bégin, *Biographie de la Moselle.*

bonheur de sa vie, Barbe-Catherine, fille de Jean-Pierre Dancerville, Président au Présidial de Metz [1].

Dans cette nouvelle position, il me serait facile, Messieurs, de vous montrer M. de Boucheporn élever la voix en faveur d'un protestant étranger qu'on voulait écarter d'une succession ouverte en France à son profit, combattant ainsi ce droit barbare qu'on appelle le droit d'aubaine et défendant en même temps la liberté de conscience dans l'intérêt même de la religion catholique [2]. S'agit-il d'un procès civil où il est question d'apprécier la validité d'une obligation? Il interroge à fond le droit romain soit antérieur, soit postérieur à Justinien; de ces textes obscurs il fait jaillir la lumière et range facilement les opinions de son côté [3]. S'agit-il d'une question de droit coutumier, il montre que ces matières lui sont aussi familières. Dans un autre procès, la recherche de la paternité qui était mise en question dans l'ancienne jurisprudence, trouve en lui un adversaire décidé, qui semble présager de loin la doctrine que notre code devait consacrer comme plus conforme à la raison [4]. S'agit-il enfin d'une affaire de droit canonique, il prend le parti de l'évêque contre un seigneur qui prétendait en sa qualité de fondateur et patron, nommer à un vicariat, reconnaissant par là l'ordre de choses qui devait prévaloir au commencement de ce siècle [5]. Dans ces

---

[1] Emm. Michel, *Biographie du Parlement de Metz.*

[2] Supplément aux *Affiches des Trois-Évêchés.* — Affaire Charton, p. 2.

[3] Supplément aux *Affiches des Trois-Évêchés.* — Affaire le Chartreux, p. 3.

[4] Supplément aux *Affiches des Trois-Évêchés.* — Affaire de Catherine A***, p. 5.

[5] Supplément aux *Affiches des Trois-Évêchés.* — Affaire Lardénois, p. 6.

différentes circonstances, il montra les qualités les plus rares d'un orateur du ministère public, si bien qu'un contemporain a pu, en le peignant faire le portrait du parfait magistrat : « Impassible comme la loi qu'il invoque, aucune passion n'offusque son paisible ministère. Lors même qu'il sévit contre le méchant, c'est avec le langage imposant et sévère de la loi : il punit, il protége comme elle, sans aimer et sans haïr. Les grâces mêmes, s'il leur est libre de se montrer quelquefois dans ses discours, n'osent y paraître qu'avec réserve : leur ton est grave et majestueux. De la précision, de la justesse, de la profondeur, un tact exquis, la sagacité la plus pénétrante pour démêler le vrai à travers les nuages dont l'art s'efforce de l'envelopper. Tel est le rare assemblage qu'il faut savoir réunir dans les fonctions actives et brillantes d'avocat général........ : telle est l'espérance que M. de Boucheporn donna de lui dès les premiers pas de sa carrière. »

Mais j'ai hâte d'arriver à l'affaire mémorable de M. Le Bœuf de Valdahon contre M. le marquis de Monnier,[1] non-seulement à cause du retentissement qu'elle eut à cette époque, non-seulement à cause des principes de l'ordre le plus élevé qui y étaient engagés, mais surtout parce que ce fut là qu'il montra avec le plus d'éclat une autorité de talent qui mit le comble à sa réputation. Les salles de ce Parlement grave et austère, image de celui de

---

[1] Supplément aux *Affiches des Trois-Évéchés*, p. 21, 56, et *Extrait du plaidoyer de M. l'avocat-général au parlement de Metz, dans le fameux procès de M. de Valdahon, tiré du recueil périodique des arréts du dit parlement.* A Nancy, chez Pierre Barbier, imprimeur-libraire, in-16. S. d.

Paris, qu'un avocat comme Royer-Collard n'abordait jamais, dit-on, qu'avec un sentiment de respect dont il avait peine à se défendre, retentirent pour la première fois des acclamations d'une foule avide de l'entendre et de ressentir les émotions que sa parole de feu faisait bouillonner dans l'âme de ses auditeurs. L'acclamation redoubla avec la même effervescence, nous dit un contemporain, lorsque le soir de l'arrêt il parut au spectacle et « Metz effaça une fois du moins le reproche trop mérité peut-être, d'être insensible aux talents qu'il fait éclore. »

Il s'agissait d'un rapt par séduction qu'un jeune officier, M. de Valdahon, fils d'un Président à la Cour des Comptes de Dôle, aurait commis sur la personne de Mlle de Monnier, fille du Premier Président de cette Compagnie. La position élevée des personnes qui étaient en cause, la violence d'une passion qui avait donné lieu aux aventures les plus étranges et les plus romanesques, le souvenir de cette nuit fatale où Mlle de Monnier avait par désespoir compromis son honneur, la fureur du père de famille irrité de voir son autorité méconnue à une époque où les lois s'efforçaient de conserver à cette autorité son prestige, la grandeur et l'imminence du péril qui menaçait le séducteur, car il y allait de son honneur, peut-être même de sa vie, tout en un mot se réunissait dans cette affaire pour exciter la curiosité et l'intérêt universels.

Le Parlement de Besançon, saisi de l'affaire à une époque où les deux amants étaient mineurs, n'avait reconnu M. de Valdahon coupable que d'un commerce

illicite et l'avait condamné à 20,000 francs de dommages-
intérêts et à vingt ans d'absence hors de la province.
Mlle de Monnier fut mise alors au couvent ; mais au bout
de huit ans, devenue majeure, elle fait des sommations
respectueuses à son père pour épouser M. de Valdahon.
M. de Monnier, plus irrité que jamais, fait opposition
au mariage, et c'est alors que l'affaire étant évoquée au
Parlement de Metz, notre ville devient le théâtre où
doit se dénouer le dernier acte de ce long drame. Les
parties avaient répandu des mémoires d'une violence
extrême ; des avocats tels que Dumont, qui plaidait
pour M. de Valdahon, Pacquin de Rupigny pour Mlle de
Monnier et Rœderer pour le Marquis de Monnier, avaient
développé toutes les ressources de leur talent, et n'avaient
pas eu de peine pendant onze audiences à attirer tour-
à-tour sur leurs clients l'intérêt le plus vif.

Notre jeune magistrat du ministère public se leva, et
dans un réquisitoire qui dura dix heures, il examina si
la conduite de la jeune fille mineure formait un obstacle
invincible au mariage qu'elle voulait contracter en ma-
jorité, et si par conséquent l'opposition du père était
recevable. C'est ainsi qu'il fut amené à discuter la déclaration de 1639 qui avait été rendue contre ceux qui, à
la faveur des troubles de l'époque, se servaient du rapt
comme d'un moyen pour arriver à un mariage avanta-
geux. Malheureusement les mœurs furent plus fortes
que les lois. Quel est celui d'entre nous, en effet, qui
ne se rappelle à cette occasion l'aventure du marquis
de Bucy avec Mme de Miramion, si délicieusement racon-
tée dans les mémoires du temps ? De la législation alors

en vigueur, M. de Boucheporn conclut que les majeurs de 30 et 25 ans, suivant le sexe, peuvent se marier sans attendre le consentement de leur père et mère après l'avoir requis, quoiqu'ils aient entretenu antérieurement des relations peu avouables.

Il y avait toutefois une condition pour qu'un mariage contracté dans ces circonstances fut valable : c'est que le choix de la jeune fille ne tombât pas sur une personne vile. Il s'agissait donc d'examiner si les taches imputées à la famille Valdahon étaient réelles, et si en les supposant prouvées elles devaient rejaillir sur M. de Valdahon innocent. « Non, s'écria-t-il, nous croirions outrager ce Tribunal en supposant qu'il puisse faire acception de personnes, et nous sommes fermement persuadés qu'aux yeux de la justice tous les citoyens sont de niveau. » Puis s'élevant à des considérations plus générales, il combattit avec une éloquence qui n'a point été surpassée, le préjugé qui rend tous les parents responsables du crime de l'un des leurs, en ayant soin de prendre pour exemple l'opinion de nos rois qui ne se croyaient point deshonorés par les crimes que les princes de leur maison avaient pu commettre.

Chose singulière, ce préjugé qui rend les membres d'une même famille solidaires du crime de l'un d'eux, devait treize années plus tard devenir le sujet d'un concours ouvert par la Société royale des Arts et des Sciences de Metz, dont M. de Boucheporn était membre depuis 1769, concours à la suite duquel ce fut M. de Robespierre, alors avocat en Parlement, qui fut couronné pour avoir repris et développé la même pensée, presque dans les mêmes termes [1]. Il semble qu'il ait médité certains passages du réquisitoire de M. de Boucheporn, mais dans un sens différent, il faut le dire. C'était pour lui un texte d'accusation contre l'ancienne société, et il ne craint pas de lui imputer la confiscation des biens du condamné comme une mesure injuste, parce qu'elle atteint en effet plus la famille du coupable que le coupable lui-même.

Quelle inconcevable contradiction! quand on songe que cette mesure inique qu'il flétrissait avec tant d'énergie, personne ne l'a pratiquée sur une plus grande échelle et d'une façon plus épouvantable que lui!

Quelle audace de parler de la douceur de nos mœurs, quand on doit faire tomber la tête des plus généreux citoyens, tels que celui dont j'ai en ce moment l'honneur de vous entretenir, et qu'on veut réduire leur famille à la misère en les dépouillant de tous leurs biens.

Ce n'est point ainsi que M. de Boucheporn entendait le progrès. Dans son discours de réception à l'Académie de Metz, qu'il prononça le 10 Avril 1769 [2], en qualité de membre titulaire, il examina les inconvénients que présentait un vieil usage encore en vigueur, je veux parler de la taxe des vins dans le pays messin. Il était d'usage,

---

[1] *Discours couronné par la Société royale des Arts et des Sciences de Metz, sur les questions suivantes proposées pour sujet de prix de l'année 1784 : 1° Quelle est l'origine de l'opinion qui étend sur tous les individus d'une famille une partie de la honte attachée aux peines infamantes que subit le coupable...* par M. de Robespierre, avocat en parlement. A Amsterdam, et se trouve à Paris, chez J.-G. Merigot jeune, libraire, quai des Augustins. 1785.

[2] Archives de l'Académie impériale de Metz, année 1769.

en effet, de fixer chaque année vers l'époque de la fête de saint Clément, d'un côté, le prix auquel le propriétaire de vignes rachetait de son vigneron la quote-part du vin qui revenait à ce dernier pour les soins qu'il avait donnés aux vignes de son maître, et d'un autre côté le prix auquel le vigneron-propriétaire devait céder son vin au créancier qui lui a avancé les fonds nécessaires pour la façon de sa vigne.

M. de Boucheporn fit voir de la façon la plus nette et la plus saisissante quels dommages imposait au vigneron, tant au point de vue pécuniaire qu'au point de vue de la dignité du travailleur, une réglementation excessive qui avait la prétention de tarifer le taux des salaires, et combien le mode de paiement à la tâche ou à la journée était préférable; tel sera en effet le résultat fatal auquel le législateur sera amené, quand ce dernier, outre-passant les bornes de son autorité, voudra s'immiscer dans les affaires des particuliers, comme si en dehors même de la question de justice; chacun n'était pas le meilleur juge de ses intérêts. Notre jeune récipiendaire fit remarquer encore que ces prêts faits par un tiers au vigneron sur la récolte future n'étaient rien moins qu'usuraires, d'après une observation qu'il empruntait à son parent Gabriel. Il montra que ce taux ne pouvait être changé par un meilleur réglement, à cause d'un usage trop ancien et trop invétéré; tandis que si le législateur autorisait purement et simplement le prêt à intérêt, le vigneron obtiendrait certainement de son prêteur des conditions beaucoup plus avantageuses; et suivant la remarque de M. de Boucheporn, l'utilité d'un réglement qui autoriserait les sujets à percevoir l'intérêt légal des simples obligations, ne se bornerait pas à ce seul cas, comme il se proposait de le faire voir dans un autre mémoire. Ce mémoire ne nous est point parvenu[1].

Pendant que les physiocrates s'intéressaient vivement aux progrès de l'agriculture, M. de Boucheporn se félicitait dans le mémoire dont j'ai déjà parlé, de l'Édit de mai 1768 qui supprima dans les Trois-Évêchés la vaine pâture d'un village à l'autre et affranchit ainsi l'agriculture d'une entrave fort onéreuse. Il avait deviné avant bien d'autres, que c'est la liberté de la terre qui fait les pays riches et prospères, je dis avant bien d'autres, car on sait que quelques années après, on fit tomber le ministre éminent qui avait voulu doter la France de la liberté du commerce des grains.

Il devait y avoir du reste entre la destinée de M. de Boucheporn et celle de Turgot plus d'un rapport : de même que ce dernier appartînt pendant un certain temps au Parlement de Paris en qualité de substitut du procureur général et devint maître des requêtes, de même l'avocat général au Parlement de Metz pouvait prétendre au même poste, avec la perspective de remplir plus tard les fonctions d'intendant et de faire le bonheur d'une province. Toutefois il est probable que M. de Boucheporn n'y aurait jamais songé, s'il eut eu la possibilité de suivre

---

[1] Le catalogue des livres composant la bibliothèque de feu M. le comte Emmery, pair de France (Metz, Lecouteux, libraire, rue des Clercs, 24, 1849), porte sous le n° 1367 un article de Bertrand de Boucheporn lu en 1773 à l'Académie de Metz.

sa carrière dans la magistrature : il n'en fut pas ainsi. Le chancelier Maupeou crût continuer la politique impérieuse de Richelieu et de Louis XIV en brisant l'autorité des Cours souveraines qui avaient l'audace de ne point se montrer dociles à sa voix ; le Parlement de Metz, qui avait fait des remontrances à la Cour, fut supprimé le 21 Octobre 1771 et son ressort fut réuni à celui du Parlement de Nancy. Dès le 29 Avril 1772, M. de Boucheporn entra au Conseil du Roi en qualité de maître des requêtes avec dispense d'âge[1].

Dans cette nouvelle position il fit preuve d'un coup-d'œil sûr, d'un tact exquis ; l'aménité de son caractère, sa constance au travail, ses idées de progrès le firent envoyer en Corse en Avril 1775, en qualité de « Intendant de Justice, Police, Finances, Fortifications, Vivres des troupes et Commissaire départi de Sa Majesté pour l'exécution de ses ordres dans l'île de Corse et autres en dépendantes, Ordonnateur, Conservateur et Réformateur Général des bois et forêts de la dite île. »

La Corse avait été cédée à la France par la république de Gênes en vertu du traité du 15 Juin 1768, mais un aventurier du nom de Paoli, digne héritier du baron de Neuhof, de la place de Corte, où il s'était réfugié, tint tête pendant un an aux forces de la France dirigées par le comte de Marbeuf. Qu'on se représente un pays couvert de forêts aussi anciennes que le monde, un pays hérissé de rochers granitiques qui en se séparant violem-

---

[1] Les lettres-patentes se trouvent aux Archives de l'Empire.

ment n'ont laissé entr'eux que des fentes gigantesques,
au fond desquels vivent quelques habitants étrangers au
reste du monde, ne se visitant jamais entr'eux. Au lieu
de jouir d'un gouvernement tutélaire, ils subissaient
de la part des Gênois une oppression déjà vieille de mille
ans ; et ces derniers, loin de les habituer au régime de
la terreur, comme ils l'espéraient dans leur aveuglement,
n'avaient réussi qu'à leur inspirer des sentiments de
rébellion à l'égard de l'autorité et de haine entre leurs
semblables. Quelques aventuriers avaient semblé prendre
en main la cause du peuple, mais toute leur gloire a
consisté dans des luttes stériles. La Corse ne leur doit ni
constructions, ni routes, ni desséchements de marais, ni
monuments, ni ports, ni phares, ni usines ; ils sont
nés, ils sont morts, ils n'ont laissé qu'un souvenir et
des partis. Tel était l'état de ce pays quand M. de Boucheporn prit les rênes de son administration.

S'il m'était permis de parcourir le Code corse[1], volumi-
neuse collection qui renferme les documents législatifs
qui ont été publiés dans cette province depuis sa réu-
nion à la couronne de France jusqu'à la révolution,
il me serait facile de vous montrer que M. de Boucheporn s'est fidèlement et scrupuleusement acquitté de
ses multiples devoirs. C'est ainsi qu'au point de vue du
développement de la richesse publique, nous trouvons
plusieurs ordonnances destinées à favoriser la recons-

---

[1] *Code Corse* ou *Recueil des édits, déclarations..... publiés dans l'île de
Corse depuis sa soumission à l'obéissance du roi, avec la traduction en
italien.* Paris, imprimerie royale, 1788 et suivantes, 9 vol. in-4°.

truction des maisons qui avaient péri dans les troubles
de l'île ; d'autres ordonnances portaient des encourage-
ments à l'agriculture sous forme de gratifications pour
ceux qui feraient des plantations de mûriers et d'arbres
fruitiers ; d'autres enfin, accordaient des avantages aux
industriels qui se livreraient à la fabrication de la faïence
et de la poterie. Un arrêt du Conseil, rendu sur sa
proposition, réglait les secours à accorder aux enfants
trouvés. Dans l'ordre politique, M. de Boucheporn intro-
duisit dans ce pays l'usage du scrutin afin d'assurer aux
électeurs une liberté pleine et entière dans le choix de
leurs officiers municipaux, mesure d'autant plus utile
que ces derniers étaient chargés de la confection des
rôles et de la levée de l'impôt.

Un objet très-important de son administration était
précisément de proposer un système qui ait pour
résultat de faire participer d'une façon égale et propor-
tionnelle aux facultés de chacun, les différentes classes
d'une population qui ne pouvait encore jouir des avantages d'un impôt réel et territorial basé sur un cadastre ;
opération longue et difficile dans un pays où les gens
aisés préféraient profiter des avantages que pouvait leur
offrir, au détriment des indigents, l'arbitraire dans la
levée des impôts. Tel est le but principal du discours
qu'il prononça devant les États de Corse réunis à Bastia
le 25 Mai 1779, en qualité de Commissaire de Sa Majesté
à ces états.[1]

---

[1] *Discours prononcé par M. de Boucheporn, intendant de Corse, à l'ou-*
verture des États de l'Isle, à Bastia, le 25 Mai 1779. A Bastia, de l'imprimerie

Après avoir, d'une voix émue, remercié les députés
des différentes Pièves de l'île, de l'intérêt que le pays
tout entier avait pris au rétablissement de sa santé
minée par sa sollicitude et son application aux intérêts
de la province ; après avoir rendu compte à l'assemblée
de la façon dont avaient été répartis les secours consi-
dérables que le Gouvernement français avait envoyés
pour épargner à la Corse une véritable famine, il exposa
le système vicieux qui avait été pratiqué depuis peu en
Corse pour la répartition de la subvention due au Roi.
On devait s'en rapporter à la déclaration des contri-
buables eux-mêmes. Il fait ressortir les avantages du
système nouveau qui assujettit à une taxe de deux
vingtièmes toute espèce de fruits et de denrées, système
qui prévalut en effet, car à la demande des différentes
Provinces de l'île, il fut prorogé à plusieurs reprises,
jusqu'au moment où le cadastre fut terminé, résultat
remarquable quand on songe que quelques années auparavant les états avaient refusé toute subvention.

M. de Boucheporn était en outre, avec le général qui
commandait l'île, Commissaire du Roi pour l'administration des bureaux de santé, c'est-à-dire qu'il avait la
police des ports. Il avait enfin une certaine juridiction
sur les forêts de l'État.

Ce n'était toutefois, on peut le dire, que la partie la
plus facile de sa mission. Il devait encore s'efforcer de

de Sébastien-François Batini, imprimeur du roi, etc. (en français et en
italien), 47 pages. Le père de l'empereur Napoléon Ier, Charles Bonaparte,
y figura comme suppléant d'un Abattucci, aïeul du garde des sceaux, parmi
les députés nobles de la province d'Ajaccio.

se concilier tous les cœurs par des actes d'aménité et
de bienfaisance et être attentif à prévenir ou faire cesser
dès le principe des mésintelligences dont les suites
pouvaient être plus dangereuses dans ce pays que par-
tout ailleurs. C'est là le but qu'il atteignit sans peine, et
la meilleure preuve que nous puissions en donner, c'est
le changement profond d'attitude qui s'accomplit vis-à-vis
des représentants de la France, dans la haute classe de
la société à la tête de laquelle étaient les d'Ornano, les
Arrighi, les Giubega, toutes familles alliées à celle des
Bonaparte ; mais la signora Lætitia Ramolino en parti-
culier avait soutenu avec trop d'éclat et de dévouement
patriotique la cause de Paoli pour quitter du jour au
lendemain la rigidité de ses sentiments d'indépendance
républicaine qui contrastait étrangement avec le gracieux
abandon de la société polie de l'époque. On l'avait vue
déjà grosse de plusieurs mois du héros qu'elle portait
dans son sein, faire à pied, à cheval, de longues courses
à travers les flancs escarpés des monts Rotondo pour
surveiller les partisans de Paoli, quelquefois poursuivant
les Français, plus souvent poursuivie par eux, manquant
des choses les plus nécessaires à la vie, de jour escala-
dant des rochers, traversant de longues bruyères, de
nuit bivouaquant couchée sur le sol, animant du geste
et de la voix les familles patriotes qui la suivaient, et ne
voulant autour d'elle ni gardiens ni défenseurs. Telle est
la femme que Mme de Boucheporn sût toucher par les
grâces de sa personne et les qualités de son cœur ; mère
tendre, épouse aimable, elle sût répandre dans l'intérieur
de sa maison cette égalité d'âme, cette douceur angé-

lique, cette aménité charmante qui captivent les cœurs
les plus rebelles. C'est ainsi que le 2 Septembre 1778,
quand Mme Bonaparte devint mère d'un fils appelé Louis,
Mme de Boucheporn fut priée de tenir sur les fonts de
baptême le futur roi de Hollande, avec M. le comte
de Marbeuf, commandant de l'île[1]. Quelques mois après,
M. de Boucheporn aidait de tout son crédit et peut-être
même de sa bourse le jeune Napoléon Bonaparte à entrer
à l'école de Brienne. S'il est vrai que les impressions du
jeune âge laissent une trace ineffaçable, il est permis de
penser que cette circonstance et l'intimité de ses parents
avec l'intendant de la Corse contribuèrent à lui inspirer
cet amour pour sa nouvelle patrie, qui se confondait
chez lui avec sa reconnaissance pour ses protecteurs.

Comme récompense de tant de services et de tant de
vertus, le Souverain conféra à son Intendant, par des
lettres fort honorables, le titre de conseiller honoraire
au Parlement de Metz[2], « assuré, dit le Roi, du désir qu'a
notre cour, de conserver dans ses fastes un nom que
nous savons lui être cher, et de resserrer de plus en plus
les liens qui lui attachent un magistrat qu'elle a trouvé
si digne de le porter. »

Dans l'intérêt de sa santé, il fut, au mois d'Avril 1785,
nommé Intendant de Pau et Bayonne. Toutefois, les
ministres d'alors, le Maréchal de Ségur et M. de Calonne,
le prièrent de retourner en Corse y tenir les États, y ter-
miner quelques affaires importantes qu'il y avait commen-

---

[1] Emm. Michel, *Biographie du parlement de Metz.*
[2] *Affiches des Trois-Évéchés,* n^os du 26 avril 1781 et 3 mai 1781.

cées, telles que l'établissement d'un système général des routes dont la Corse avait le besoin le plus impérieux. Il réussit à mettre en usage dans ce pays où le désordre était au comble les règles les plus minutieuses d'une sage administration, telles que les avant-projets, les devis dressés par les ingénieurs avec détail estimatif et plan, adjudication au rabais avec toutes les sûretés de solvabilité désirables[1]. Dix ans avaient donc suffi à M. de Boucheporn pour civiliser entièrement ce pays.

Parvenu ainsi à l'apogée de sa carrière, la haine et l'envie ne pouvaient l'épargner. Le 21 Juillet 1785, une main criminelle répandit à profusion dans l'île une lettre imprimée qui compromettait son nom ; on s'était même servi du cachet de ses armes[2] et de son contre-seing pour l'expédier par la voie de la poste ; mais il usa dans toute cette affaire d'une extrême modération ; un Abattucci avait d'abord été condamné par la Cour de Bastia comme l'auteur de ce crime, et ce fut M. de Boucheporn lui-même qui prit l'initiative des mesures nécessaires pour faire réformer cet arrêt par le Parlement d'Aix. Celui qui avait été insulté se trouva suffisamment vengé par un arrêt du Conseil du Roi du 1er Septembre 1785 qui déclara supprimé cet écrit calomniateur.

A la fin de cette même année, le 28 décembre, il prit

---

[1] Archives du dépôt de la guerre. — Observations de l'intendant de Boucheporn sur le réglement à observer pour les travaux et les travailleurs, adressées au ministre de la guerre, contenues dans sa dépêche du 12 Septembre 1785.

[2] Écartelé aux 1 et 4, d'azur à une pomme de pin d'argent, feuillée et tigée de même ; au 2 et 3, de gueules à trois annelets d'or entrelacés.

possession de son nouveau département qui était formé
de la Navarre, de la Soule, du Bigorre, du Nébouzan,
des Quatre-Vallées, du Comté de Foix, du Mont-de-
Marsan, du pays de Labour, de la ville de Bayonne. On
avait ainsi réuni par l'Édit de Février 1784 la ville de
Bayonne aux pays d'États de l'ancien domaine de Navarre et aux pays abonnés, afin de faire du port de
Bayonne un centre de communication important qui
rayonnât dans tout le pays, notamment au moyen des
eaux de l'Adour qui le traversent.

A peine arrivé dans sa nouvelle Généralité, il sut
tellement faire apprécier les grâces aimables de son
caractère qu'il parvint à prendre place au Parlement de
Pau le 30 Août 1786 en qualité d'Intendant, honneur
auquel il pouvait prétendre mais que les Parlements
n'accordaient pas facilement, regardant toujours ce
personnage comme le représentant d'une autorité rivale.
Aussi dans son discours d'installation[1] ne manqua-t-il pas
de rappeler, devant les magistrats qui le recevaient en
grande pompe, ses débuts parlementaires, n'attribuant
qu'aux exemples frappants des vertus qu'il avait vu pra-
tiquer à de grands magistrats, le courage qu'il eût, de
surmonter de grandes difficultés dans un pays naissant,
et cela avec très-peu de ressources et de moyens per-
sonnels. Et afin de dissiper les appréhensions que son
caractère pouvait faire naître, il saisit cette occasion
solennelle pour indiquer la façon dont il entendait
administrer la Province qui lui était confiée : « Nous ne

---

[1] *Inventaires sommaires des archives départementales.* — Basses-Pyrénées.

sommes plus aujourd'hui, dit-il, dans des temps où l'on pensait que pour approcher de la perfection, l'administration devait être mystérieuse et compliquée, où l'on se faisait un mérite de suggérer les moyens de fouler les peuples, où l'on se laissait tantôt éblouir par des considérations frivoles, tantôt entraîner par des complaisances dangereuses dans des démarches qui conduisent à l'arbitraire; l'intérêt général, la tranquillité publique, le soulagement du peuple, l'extension des sources et des moyens de prospérité sont le but auquel elle tend et auquel elle revient bien vite lorsqu'elle s'en est malheureusement écartée[1]. »

Le Premier Président lui répondit avec beaucoup de courtoisie en rappelant les talents distingués qu'il avait déployés dans l'une des premières compagnies de magistrature en exerçant avec applaudissement les fonctions du ministère public : il se félicitait de penser que dans l'homme du Roi les habitants de la généralité reconnaîtraient le magistrat humain qui, secondant les vues bienfaisantes du monarque ne craindrait jamais de lui déplaire en disant la vérité. Une occasion solennelle ne tarda pas à se présenter où M. de Boucheporn ne faillit pas à sa tâche.

Ce nouveau pays devint bien vîte le théâtre de son activité vraiment merveilleuse.

---

[1] Nicolas-Joseph Foucault, intendant dans le Béarn un siècle auparavant, a laissé des mémoires publiés par M. Baudry dans la collection des *Documents de l'histoire de France*, sous les auspices du Ministre de l'instruction publique, qui montrent quels progrès l'administration française avait faits dans l'intervalle.

Il se rendit d'abord, par ordre de M. de Breteuil et de
M. de Calonne[1], dans le comté de Foix, où les affaires
qui fixaient leur attention le retinrent six semaines ; il
fit ensuite une tournée des Pyrénées, depuis le Roussillon
jusqu'à la Bigorre. Rendu à Pau, il repartit promptement
pour aller à Bayonne d'où il parcourut toute l'élection
de Lannes. Il reçut bientôt après des ordres pour aller
à Tarbes en qualité de commissaire de Sa Majesté aux
États de Bigorre ; il en eut ensuite pour se rendre à Foix
et dans le Nébouzan. Il fut enfin de retour à Pau suivant
l'intention des ministres et y resta pendant tout le temps
des états de 1787. Il alla ensuite dans la Soule et retour-
na dans les Quatre-Vallées, toujours pour le même objet.
Il fit la visite de toutes les eaux de son département.
Il se rendit à Bayonne où il comptait être sédentaire
pendant quelques mois et se livrer avec zèle à tout ce
qui était relatif à la constitution de cette ville, de son
port, et aux objets concernant le Labour. « J'étais bien
éloigné alors, dit-il, de supposer tous les mouvements
que plusieurs de mes confrères se donnaient à mon insçu
près du gouvernement pour faire augmenter leur département au préjudice du mien. »

Il avait bien sujet de se plaindre des ministres qui,
sans le consulter, venaient de démembrer sa généralité.
Un édit du 26 Juillet 1787 avait réuni en effet à celle de
Bordeaux les bastilles de Marsan, Tursan et Gabarsan,
l'élection de Lannes, la Ville de Bayonne, et le pays de

---

[1] Archives de l'Empire, section H, liasse 1167. Lettre du 29 octobre 1788
adressée à M. Necker, par M. de Boucheporn.

Labour qui lui avaient été attribués. On lui laissait bien
les autres pays des Pyrénées en y ajoutant la généralité
d'Auch, mais l'unité qu'il avait rêvée pour toute la région
pyrénéenne, cette cohésion qu'il voulait donner à toutes
ces fractions du territoire avait été rompue, il le regretta
sincèrement comme les États de Béarn et de Bigorre,
comme les villes de Bayonne, de Dax, de Marsan, et le
Parlement de Pau qui refusa l'enregistrement de cet
édit. Il ne parlait ainsi que dans un intérêt général, car
il lui restait une province aussi grande à administrer,
c'est-à-dire, la valeur de quatre de nos départements.
Cet édit, qui ne fut jamais enregistré qu'à la Chambre
des Comptes de Paris, n'en reçut pas moins son exécution dès le 7 Août; et le commissaire du Roi aux États
de Bigorre et de Béarn dût rester un témoin impuissant
de la fermentation que cette mesure avait provoquée.
Elle éclata à propos des subsides que le Gouvernement
demanda aux États pour l'établissement d'un hôtel de
l'intendance, devenu nécessaire à Pau, question souvent
débattue, souvent reprise, et qui ne devait pas recevoir
sa solution sous l'ancienne monarchie[1].

Cette effervescence ne se manifesta jamais d'une façon
plus vive et plus générale qu'à propos des édits du
8 mai 1788[2], qui avaient pour but cependant de réaliser
plusieurs des réformes les plus importantes et les plus
utiles que la Révolution a depuis accomplies : la sépa-

---

[1] Archives de l'Empire, section H, liasse 1166.

[2] *Introduction au Moniteur*, p. 122 et suivantes. Remontrance du parlement de Pau contre l'établissement de la cour plénière et arrêt du parlement de Navarre, du 21 juin 1788.

ration des pouvoirs législatif et judiciaire, l'abolition
des tribunaux d'exception et la proclamation de tous les
principes qui, aujourd'hui, régissent en matière civile
et criminelle, notre organisation judiciaire. Des violences
furent commises : M. de Boucheporn resta inébranlable
et il eut l'honneur d'installer les nouveaux tribunaux
connus sous le nom de *Grands Bailliages*.

Lors de ces troubles, on put remarquer que les nobles
et les plébéiens firent cause commune parce que depuis
longtemps ils avaient l'habitude de régler leurs affaires
ensemble. Les États de Béarn[1] qui jouissaient d'une
grande autorité dans la province, offraient ce caractère
spécial, qu'ils ne se composaient que de deux ordres.
Le clergé et la noblesse réunis n'en formaient qu'un. Le
clergé y était représenté par l'évêque de Lescar et trois
abbés de monastère ; la noblesse, par les douze barons
du Béarn qui composaient anciennement la Cour Majour.
Le Tiers-État représenté par les maires et jurats des
quarante-deux villes ou communautés formait le second
ordre. L'assemblée réunissant 540 membres pour un
territoire relativement peu considérable, était convoquée
tous les ans. A chaque session, les syndics des États
faisaient à l'assemblée générale les rapports sur les
demandes ou les requêtes présentées. Quand le second
ordre, le tiers-état, n'était pas de l'avis du premier,
noblesse et clergé, on le faisait opiner à trois reprises :
s'il refusait son assentiment, l'affaire était indéfiniment

---

[1] M. de Boucheporn figura en qualité de commissaire du Roi aux États
de Béarn ainsi qu'à l'Assemblée provinciale d'Auch (de Lavergne, *Les Assemblées provinciales sous Louis XVI*).

ajournée. Dans cette province du Béarn il y avait donc,
à proprement parler, deux chambres dont l'une repré-
sentait l'aristocratie territoriale et l'autre les intérêts du
peuple, et c'est cette dernière, celle qu'on pourrait appe-
ler la Chambre des Communes, qui avait la prépondé-
rance dans les décisions. Il est donc visible que dans la
constitution de ce royaume de Navarre, de ce coin de la
France qui a produit le plus grand roi de la dynastie de
Bourbon, se trouvait le germe ou le principe du gouvernement libre et représentatif. C'est ce qui explique
comment un conventionnel, Barrère, a pu écrire au
commencement de ses mémoires : « Je suis né dans les
Pyrénées, c'est-à-dire dans le pays de la liberté. »

La circulaire que M. de Boucheporn adressa (le
25 Septembre 1786)[1] aux Jurats des communes prouve
une sage modération dans l'exercice du pouvoir aussi
bien que son intelligence des vrais besoins du temps. Ce
document intéressant contient beaucoup de dispositions
dont quelques-unes sont encore en vigueur en matière
de contentieux administratif : gratuité de la juridiction
de l'intendant, nullité de toute délibération passée
devant notaire et dans tout autre lieu que les hôtels de
ville ; interdiction de mêler plusieurs objets sans rapport
l'un à l'autre dans une même délibération ; défense de
faire signifier aucun acte administratif par voie d'huis-
sier. Si une commune sollicite l'autorisation de plaider,
sa demande ne sera admise qu'après une délibération
préalable à laquelle auront assisté les deux tiers des

----

[1] *Inventaires sommaires des archives départementales.* — Basses-Pyrénées.

habitants, et autant que possible les plus hauts imposés et sur la production d'une consultation d'avocat faite au vu des pièces.

A l'époque où furent publiées les proclamations de l'Assemblée Nationale des 14 et 16 Octobre 1789 qui avaient pour but d'assujettir *les ci-devant privilégiés* à une nouvelle taxe pour les six derniers mois de 89 et qui ordonnaient la confection de nouveaux rôles pour 1790, on demanda des renseignements à M. de Boucheporn sur les impositions que payaient les pays d'états dont l'administration lui était confiée, et il adressa à cet effet au Gouvernement un mémoire détaillé[1] où il consigna un fait bien curieux et qui dut surprendre singulièrement ceux qui croyaient que la noblesse de France ne comptait que des privilégiés.

« Dans le Béarn où le privilège de l'inégalité n'existe pas, dans une province où les biens nobles ont constamment supporté une plus forte proportion d'impôts que les biens roturiers, dans une province où la capitation du noble est excessive relativement à celle du roturier, dans une province enfin où il ne pourrait y avoir de compensation à faire qu'en faveur de ces mêmes privilégiés, il me paraît que ce ne serait nullement le cas de leur appliquer une loi qui ne peut avoir été faite contre eux. » Voilà ce qu'il avait le courage d'écrire au moment où l'orage grondait déjà.

Toutefois, avant de pénétrer dans ces temps de sinistre

---

[1] Archives de l'Empire, section H, liasse 1167. Mémoire daté de Lectoure, 27 février 1790.

mémoire, rappelons deux traits qui peignent tout à la fois le caractère de M. de Boucheporn et les habitudes administratives de l'époque. On lui donnait un jour de nombreuses ordonnances à signer sur une affaire assez simple : « Perte de temps et de papiers, » écrit-il sur la minute. Une autre fois à l'un de ses secrétaires à Pau, il écrit d'Auch : « M*** devrait bien se guérir de la mauvaise habitude de faire courir les papiers inutilement et de faire perdre du temps[1]. » J'aime à croire que nous n'avons pas fait tant et de si grandes révolutions sans avoir laissé de pareils abus à l'ancien régime, sinon je serais forcé de répéter ces mots ironiques de Voltaire à propos des droits de la liberté : Sacrés, ils le sont, car personne n'y touche.

Qu'il me soit permis encore de dire quelques mots du goût de M. de Boucheporn pour les fêtes et les beaux-arts.

Lors de la naissance du Grand-Dauphin, en décembre 1781, il donna à Bastia un immense festin dans la salle de spectacle qu'il avait fait décorer pour la circonstance. Sur la table, au lieu de surtout, on voyait un temple à jour supporté par 160 colonnes de l'ordre toscan. La blancheur du marbre se détachait très-heureusement sur la verdure des myrthes et des lauriers ; et, des fleurs d'Italie qui jonchaient la table et couraient en guirlandes le long des loges éclairées par mille bougies, offraient un coup-d'œil éblouissant et tout-à-fait inattendu. Enfin le Roi, dont les traits étaient rappelés par un buste en

---

[1] *Inventaires sommaires des archives départementales.* — Basses-Pyrénées.

marbre d'une parfaite ressemblance, au-dessous duquel
se trouvait la Corse figurée par une femme entourée des
produits du pays, semblait présider cette fête magnifique.
Mme de Boucheporn en faisait admirablement les honneurs, grâce à sa jeunesse, à sa beauté, à son aisance,
à la distinction de ses manières ; son mari s'était seule-
ment réservé l'honneur de veiller avec ses quatre fils à
l'ordonnance du repas, qui fut splendide et très-gai,
disent les relations du temps[1].

Nous n'aurions pas encore donné une idée exacte de
l'amour de M. de Boucheporn pour les arts, et surtout
de la bonté de son cœur, si nous ne parlions des rapports
intimes qui s'établirent entre lui et un jeune orphelin,
fils d'un magistrat de Bastia, qu'il recueillit chez lui
pour en faire l'ami de ses fils lorsqu'ils étaient en Corse
et leur donner un compaguon lorsqu'ils eurent à passer
treize mois à Rome[2]. Ce jeune homme n'était autre que
Bailliot, l'un des plus grands violonistes connus qui,
devenu au commencement du siècle professeur au
Conservatoire, donna à l'exécution de la musique une
ampleur nouvelle et charma pendant quarante ans les
plus grands musiciens d'Europe. Il s'empressa de déve-
lopper les dispositions heureuses que montrait cet enfant
de treize ans en lui faisant donner, pendant son séjour à
Rome, des leçons du fameux Pollani ; les concerts, qui
avaient lieu chez le cardinal de Bernis et à l'Académie

---

[1] *Relation des fêtes données en Corse à l'occasion de la naissance de Mon-
seigneur le Dauphin, en décembre* 1781. A Bastia, 1782, de l'imprimerie de
Sébastien-François Batini, imprimeur du roi, etc.; in-4° de 23 pages.

[2] Félis, *Biographie universelle des musiciens.*

de musique, développèrent son talent ; et par reconnaissance vis-à-vis de son protecteur, Bailliot lui servit de
secrétaire pendant tout le temps qu'il passa à l'intendance de Pau, c'est-à-dire jusqu'au 6 Octobre 1790,
époque de la suppression des généralités. Quelques mois
après, Bailliot se fit présenter à Viotti qui lui assura
pendant l'orage des moyens d'existence.

C'est à ce moment que M. de Boucheporn obtenait à
l'assemblée électorale d'Auch un grand nombre de suf-
frages pour la place importante de Procureur Général
syndic, malgré la nécessité où il s'était trouvé les années
précédentes de faire acte d'autorité afin de calmer
l'effervescence populaire qui déjà se manifestait. Toutefois, il ne fut pas nommé. Dès l'année suivante il se
réfugia à Toulouse et ses fils allèrent à l'étranger servir
dans l'armée de Condé.

Arrivé à cette époque de notre histoire, je voudrais
tirer un voile sur les drames qui vont suivre, mais je ne
le puis dans l'intérêt du personnage dont je parle. Il
avait, dans tout le cours de sa carrière, donné des
preuves non équivoques du plus pur libéralisme, il avait
combattu avant Robespierre lui-même, certains abus,
certains préjugés ; plus récemment, il avait fait le sacri-
fice de toute son argenterie pour subvenir aux besoins
pressants de la nation. Peu importe ! Il était trop honnête
homme pour ne point devenir suspect, aussi ne tarda-t-il
pas à être espionné. On saisit des lettres qui lui étaient
adressées par des banquiers de Basle et qui l'entrete-
naient de lettres de change qu'il avait envoyées et des
difficultés que ces banquiers avaient éprouvées à les

négocier. Interrogé par un juge du tribunal criminel de la Haute-Garonne érigé en tribunal extraordinaire et révolutionnaire formé *à l'instar de celui de Paris*, il se contenta de décliner son nom sans rien ajouter qui pût ressembler à une rétractation de ce qu'il avait fait, comme un homme qui n'a rien à se reprocher ; cet argent, en effet, n'avait été envoyé que pour l'acquit d'une dette. L'accusateur public, dont je tairai le nom, trouva dans ces lettres d'affaires la preuve, si c'en est est une, que « Boucheporn, aristocrate et ennemi de la chose publique, avait entretenu des intelligences et des correspondances coupables avec les émigrés ou d'autres ennemis de la patrie, qu'il leur avait même fait passer à plusieurs reprises des secours en argent, au mépris des lois positives qui le défendent ; » et cela suffit au tribunal révolutionnaire pour condamner l'infortuné Boucheporn à avoir la tête tranchée dans les vingt-quatre heures sur une place publique de la ville de Toulouse et à avoir ses biens confisqués au profit du domaine public. Cet arrêt du 2 ventôse, an II de la République, fut exécuté le jour même, et au moment de marcher au supplice, il put voir dans la foule une épouse éplorée lui adresser un suprême adieu ; il n'eut pas la consolation de l'embrasser une dernière fois et de lui recommander ses enfants ; il alla au-devant de la mort avec un courage héroïque, soutenu par la main de Dieu seul en qui il avait mis tout son espoir !..... Quelques jours après, sa veuve recevait du Tribunal révolutionnaire un placard[1] qui contenait

---

[1] Le placard imprimé à Toulouse chez le montagnard Viallanes, a été déposé le 13 frimaire de l'an IV, chez M⁰ Bernard, alors notaire à Metz.

l'arrêt infâme dont son mari venait d'être victime ; elle
eut le courage de le rapporter à Metz et de le déposer
entre les mains des notaires : c'était le seul bien qu'on
lui eût laissé à elle et à tous les siens. Ce ne fut que
quelques années après que des jours meilleurs luirent
pour cette famille justement entourée de l'estime et de
la considération des gens de bien ; ses fils obtinrent du
Premier Consul, dont ils avaient été les compagnons
d'enfance, d'être rayés de la liste des émigrés ; mais sa
veuve n'eut pas la consolation de les voir occuper des
postes d'honneur et de confiance à la cour de Hollande
et à celle de Westphalie, ni sa belle-fille, née Marie
Tinot devenir sous-gouvernante des enfants de Hollande,
et élever en cette qualité les deux fils de la reine Hor-
tense. Mme de Boucheporn était morte le 26 vendémiaire
de l'an XII, laissant, elle et son mari, à ses enfants, à
défaut de fortune, un puissant exemple de résignation
chrétienne, et, ce qui vaut mieux que l'argent, un
héritage d'honneur et de gloire qui n'a point diminué
entre les mains de ses descendants[1].

Quant à nous, Messieurs et chers confrères, si nous
voulons nous montrer les dignes rejetons de la génération
de 89, rappelons-nous qu'il y a deux vertus surtout qui

---

[1] Sa famille est aujourd'hui représentée 1° par M. Eugène Bertrand de
Boucheporn, demeurant à Chaumont-en-Bassigny, et par sa sœur Mme Nadault
de Buffon, mère de M. Henri Nadault de Buffon, substitut du procureur-
général à Rennes; 2° par M. Charles de Boucheporn, chef d'escadron d'artillerie, et son neveu, fils de M. Félix baron de Boucheporn, décédé en 1858
ingénieur en chef des mines à Bordeaux. Ce dernier a publié vers 1846 un
livre qui a fait sensation et dont le titre est: *Études sur l'Histoire de la terre*

font le bon citoyen et qui semblent être l'apanage de l'avocat, je veux dire l'indépendance et le respect des lois.

L'indépendance est cette fierté dans le caractère qui fait qu'on ne relève que de sa conscience, qui vous fait parler et agir en toute franchise, et qui vous soustrait à toute contrainte étrangère, que cette contrainte vienne d'en haut ou d'en bas, car ce n'est point être indépendant que de briguer les faveurs de l'opinion, pas plus que celles du pouvoir. Le respect des lois n'est point ce sentiment aveugle qui fait trouver bien tout ce qui a été décrété ; c'est ce sentiment pieux qui doit s'attacher à l'autorité prise dans sa source la plus élevée, l'accord, en un mot, de la loi écrite avec la loi naturelle.

C'est l'alliance intime de ces deux sentiments, l'indé-dépendance du citoyen et le respect des lois qui cons-tituent l'essence même de cet esprit parlementaire qui se communiquait à tout ce qui vivait de la vie des anciens Parlements. C'est ainsi que chacun pensait et pouvait

et sur les causes des révolutions de sa surface. L'ouvrage est surtout bien écrit et l'exposition très-claire, mais les idées qui font dériver les divers systèmes de montagne de changements successifs de position de l'axe de la terre, ne sont pas généralement adoptées. En 1854, M. Félix de Boucheporn a fait paraître un autre ouvrage plus théorique encore que le premier : *Du principe général de la Philosophie naturelle.* En présentant cet ouvrage à la Société géologique, l'auteur indiquait le but qu'il s'était proposé et qui était de faire dériver les lois du règne inorganique d'une seule cause uniquement fondée sur la propriété essentielle à la matière, savoir : l'imperméabilité et l'inertie. Dans l'ordre des travaux pratiques, M. de Boucheporn a publié la *Carte géologique du département du Tarn.* Vers la fin de sa carrière, trop courte, il avait été chargé d'une mission se rattachant au percement de l'isthme de Panama, mais délaissé par la compagnie qui l'avait envoyé sur les lieux, il n'a rien pu faire. — Mme Auvity, veuve du général d'artillerie de ce nom, représente une 3e branche de cette famille.

dire sans effort ce que disait Pasquier au XVIᵉ siècle lorsqu'il refusait l'enregistrement de certains édits malgré les fonctions de ministère public dont il était investi : « Je dois la vérité à mon roi ; c'est une charge foncière annexée à ma conscience et à mon état dont je ne puis me dispenser sans commettre félonie. » Ce qu'il y a de remarquable, c'est que nous retrouvons le même esprit se conserver intact chez un Intendant. Tant il est vrai que l'indépendance n'est point le fait de la fonction, mais qu'elle est le privilége des esprits fortement trempés.

Qu'on ne se demande pas maintenant : à quoi servent de pareils hommes ? Ils servent longtemps après leur mort. Si durant leur vie on a pu les considérer comme perdus dans la foule, un siècle, deux siècles après leur mort ils sont encore vivants ; ils viennent nous réchauffer par la chaleur de leur vertu. Grâce à eux, tout n'est pas stérile dans notre ancienne histoire. Il y a une chose sainte que les Français du vieux temps nous ont laissée en exemple : le culte de l'honneur et l'amour du pays.